Discours deplorable d'vn estrange accident suruenu le septiesme Septébre, au Bourg de Plurs en la vallee de Vvaltoline, sujets des Grisons scis sur la riuiere de Maira.

A LYON,

Pour François Yurad.

Auec permission.

1618.

DISCOVRS DEPLORA-
ble, d'vn estrange accident suruenu
le septiesme Septembre, au Bourg de
Plurs, en la vallee de Vualtoline,
sujects des Grisons, scis sus la riuiere de Maira.

E n'est dés à pre-
sent que les ro-
chers & monta-
gnes ont causé de
grandes ruynes,
pertes, incommo-
ditez & suffocation de personnes:
les histoires en sont toutes pleines,
ausquels ie renuoye ceux lesquels
ne les ont encor leues: à present

ſeulement, laiſſant le paſsé en arrie-
re, ie diray ce qui eſt aduenu nou-
uellement ſur les habitans du bourg
de Plurs,en la vallee de Vualtoline,
ſujets des Griſons, ſcis ſur la riuiere
de Maira, entre deux hautes montagnes, leſquels en vn moment,
ont eſté eſteins & priuez de la lu-
miere de ce monde.

Or eſt-il que le ſeptieſme iour
du mois de Septembre, veille de
la feſte noſtre Dame, ſur les ſept
heures du ſoir, apres pluſieurs &
grandes pluyes, les grottes que les
argilles auoyent faict pour prendre
de la terre au deſſous de la montagne, ſe remplirent toutes d'eau, &
ſapperent tellement ladicte montagne, qu'ils la firent renuerſer &
couurir entieremét ceſte bourgade.
Deux

Deux marchands fortis dudict Bourg, ayans porté leur foupper quant & eux, pour à la fraicheur prendre leur repas dans des grottes, euiterent ce peril. Iceux croyants fe retirer audict Bourg, eftonnez de ne voir ny apperceuoir leurs maifons, s'approcherent, lefquels tous efmeus & esbahis, virent la montagne couchee fur le Bourg, & ou à prefent il ne fe voit aucune maifon, & ny a aucune apparence qu'il y ayt iamais eu aucuns édifices.

Dans ledict Bourg il s'eft perdu plus de quatre mil ames.

Ce bourg n'eftoit gueres moindre à la fuperbe ville de Gennes, mefmes fe pouuoit efgaler à elle, & où les plus riches bâquiers faifoyent leur demeure.

Il y auoit la dedans ce Bourg quantité d'Or, d'Argent, Soyes, & toutes autres fortes de marchandifes, & les plus agreables & magnifiques Palais, ou dans iceux & fur le haut des maifons eftoyent les plus beaux iardins qui fe peuft voir au monde, auec toutes fortes de compartiments, & de rares fruicts & fleurs.

Entre iceux Palais eftoit celuy des Francs, tres-fomptueux & magnifique, ou dans fes iardins eftoiĕt des Orangiers, dont les quailles eftoyent toutes d'argent: ledict Palais valant plus de trois cents mil efcus.

I'oferay bien icy mettre quelques plus notables & anciennes familles

milles qui y faiſoyent leur demeure,
& qui y ſont morts.

I.   La noble & Illuſtre famille des
Scandaleres, qui puis trois cents ans
en ça, ont maintenu leur maiſon,
ſans aucunement la laiſſer deperir,
ains l'augmentoyent en richeſſes
touſiours.

Il y auoit auſſi celle des ſieurs Be-
caria, & Villeneufue, tres-riches bã-
quiers cogneus & renommez par
toute l'Italie & France, les autres ne
peuuent eſtre icy recitez, pour n'en-
nuyer le Lecteur.

Ladicte montagne a auſsi clos le
paſſage de la riuiere Maira, qui n'a-
yant ſon cours, & ne le pouuant a-
uoir, à cauſe de l'emboucheure de
ladicte montagne s'eſt eſpanchee
par tout le pays, & y faict à preſent

de

de grands rauages.

Ceux du Bourg de Cleues non guéres esloignez de la, non pas mesmes de demy lieu, ont osté tous leurs moyens, & se sont retirez és plus hautes montagnes, craignant que l'impetuosité de la riuiere, trouuant par quelque endroict son cours, n'entrainast toutes les maisons.

De nostre téps aussi, vne montagne aussi tomba dans le Rosne, qui le fist enfler tellement, que les moulins de Geneue tournerent tout à rebours, qu'ils ne faisoyent au parauant.

Aussi pres de Tours vne montagne tomba dans la riuiere, laquelle pensa perdre & inonder tout le pays à l'entour.

Ledict Bourg iadis s'appelloit autrement, mais depuis vne grande abondance d'eau, qui l'inonda & emporta les maisons, elle changea de nom en Plurs, denotant que tous ceux qui viendroyent apres eux, deuoyent pleurer pour vn si funeste accident.

Le semblable presque arriua icy à Lyon au faux-bourg de la Guillotiere, le Rhosne se deborda tellement en l'annee mil cinq cents septante huict, qu'il emporta la moitié dudict faux-bourg, les ruynes duquel se voyent encor² asuiourd'huy.

Dans ledict Bourg il y auoit les plus riches & rares antiquitez des Romains, que se peust voir au monde : leurs montagnes estans tres-fertiles.

Les marchands de la à l'entour
venoyent recueillir les vins, pour
la bonté d'iceux qui croissoit aux
montagnes d'alentour.

Bref, ne se pouuoit desirer vn
plus aggreable seiour & demeure
qu'en ce pays la, pour les commo-
ditez qu'on y auoit, les viures e-
stans a tres-bon prix, mesmes a cau-
se des marchandises, qui venoyent
d'Italie, ce lieu la estant le droict
passage pour la France, & Allema-
gne.

Tous ces estranges accidents
vrays indices du iugement de Dieu,
lequel est plus proche que nous ne
pensons, qui nous doit inciter a
prier Dieu, luy demander pardon
de nos fautes, & vser de charité en-

uers

uers les pauures, ne nous addon-
ner icy a faire de beaux Palais, a
mettre noſtre cœur aux delices
mondaines , ains rechercher les
threſors celeſtes qui nous puiſſent
amener a la beatitude celeſte.

A tous ces inconueniens ſuruenus
en tant d'endroits, nous deuons re-
courir a la ſouueraine bonté de
Dieu, à ce qu'il luy plaiſe nous gar-
der & maintenir tous les iours, e-
ſtants aſſeurez que nous ne ſommes
certains de viure vne minute d'heu-
re ſans ſon bon vouloir. D'icy auſsi
deuons apprendre à luy demander
pardon de nos fautes & pechez,
pour retirer ſon ire de deſſus nous.
A men.

F I N.

* 9 7 8 2 3 2 9 6 2 3 8 9 4 *